FANTASTISCHE TIERE DIE ES WIRKLICH GIBT

von Jane Carruth
Bilder von Stephen Adams
Deutsche Bearbeitung von A. von Hill

Wer nicht liebt – Weib, Tier u. Wein
Dess Herz – es ist so hart wie Stein!

DELPHIN VERLAG

EINLEITUNG

Vor Millionen Jahren verließen die ersten Wirbeltiere das Wasser und stiegen an Land, um dort die meiste Zeit ihres Lebens zu verbringen. Es waren die Amphibien. Um leben zu können, sind Amphibien jedoch auf die Nähe von Wasser angewiesen.
Ein nächster Schritt in der Entwicklung der Wirbeltiere waren die Reptilien. Sie kamen ohne Wasser aus und lebten ganz an Land. Eine schuppige Haut schützte sie vor dem Austrocknen. Lange Zeit beherrschten sie das Leben auf der Erde.
Als das Klima kühler und die Luft trockener wurde, entstanden die Säugetiere. Es sind warmblütige, luftatmende Wirbeltiere, deren Junge von der Mutter gesäugt werden. Die allerersten Säugetierarten hatten noch viele Eigenschaften der Reptilien, aber allmählich paßten sie sich den neuen Lebensbedingungen an. Diejenigen Arten, denen das nicht gelang, starben aus. Viele der uns vertrauten Tiere haben Vorfahren aus diesen urgeschichtlichen Zeiten, denn Amphibien (Molche, Frösche, Kröten), Reptilien (Schildkröten, Echsen, Schlangen) und natürlich Säugetiere gibt es auch heute noch. An Hand von Resten und Spuren, den sogenannten Fossilien, sind Paleontologen in der Lage, uns die Vorfahren unserer heutigen Tierwelt zu beschreiben. In Sibirien zum Beispiel fanden sie den Kadaver eines Nashorns. Fest ins Eis eingefroren, hatte sich der Körper des Tieres erhalten können. Erstaunlicherweise war er dicht behaart. Nashörner haben also im Laufe von Jahrtausenden eine Entwicklung durchgemacht. Sie zogen sich immer mehr nach Süden zurück und verloren im warmen Klima ihre Haare. Heutige Nashörner sind kahl.
Die Tiere, die auf den folgenden Seiten abgebildet und beschrieben sind, wurden nicht ohne Absicht ausgewählt. Die Auswahl folgt der eben aufgezeigten Entwicklung der Wirbeltiere: Es sind Amphibien und Reptilien beschrieben, den größten Teil des Buches nehmen allerdings die Säugetiere ein.
Alle vorgestellten Tiere haben etwas Ungewöhnliches, das uns überraschend und fantastisch erscheint. Das kann ihr Aussehen sein oder ihre Art, Partner zu werben, ihre Fähigkeit, sich vor Feinden zurückzuziehen oder sie abzuschrecken oder sich gegen sie zu verteidigen.
Jedes zweite der hier beschriebenen Tiere ist von der Ausrottung bedroht. Hege und Pflege in Zoos und Reservaten sind nur ein schwacher Ersatz für das Leben in freier Wildbahn. Der Mensch muß sich unbedingt an den Gedanken gewöhnen, daß er nur ein Teil der Natur ist und nicht ihr Beherrscher. Die Vielfalt der Lebewesen kann nämlich nur dann erhalten bleiben, wenn die sinnlose Zerstörung und egoistische Ausbeutung der Umwelt endlich aufhört.
Eine kurze Erklärung wichtiger oder unbekannter Ausdrücke findet sich am Schluß des Buches.

LAUBFROSCH

Heimat: Europa, Afrika
Größe: 4 cm lang
Er hat eine große Schallblase.

Alle Frösche sind Amphibien, das heißt, sie sind Tiere, die sowohl an Land als auch im Wasser leben. Der Laubfrosch haust meistens auf Bäumen und Sträuchern und geht nur ins Wasser, um zu laichen. Seine zu Scheiben verbreiterten Fingerspitzen dienen als Saugnäpfe, mit denen er sich auch an senkrechten Flächen festhaften kann. Zur Paarungszeit quaken sich die Laubfroschmännchen nachts gegenseitig im Chor an. Die wie ein Ballon mit Luft gefüllte Schallblase dehnt sich beim Quaken weit aus, bis sie fast so groß wie der Frosch selbst ist.
In Südamerika gibt es Frösche, die ein tödliches Gift durch die Haut absondern. Die hier beschriebenen Laubfrösche sind harmlos.

KRAGENECHSE

Heimat: Australien
Größe: 90 cm lang
Durchmesser des Kragens: 20 cm
Sie hat eine gefältelte Halskrause.

Wenn sie gereizt oder erschreckt wird, stellt die Kragenechse eine mit Schuppen bedeckte Hautfalte wie einen riesigen Kragen auf. Gleichzeitig reißt sie das Maul weit auf. Mit dieser Drohhaltung versucht sie, ihre Feinde in die Flucht zu schlagen. Nützt ihr das nichts, läuft sie hoch aufgerichtet auf den Hinterbeinen davon. Eigentlich ernährt sie sich von Insekten und lebt auf Bäumen.

WÜSTENTEUFEL

Heimat: Australien
Größe: 20 cm lang
Er sieht wie ein Ungeheuer aus.

Obwohl der Wüstenteufel erschreckend unheimlich aussieht, ist er vollkommen harmlos. Dem Leben in der Wüste hat er sich vorzüglich angepaßt. Sein Körper ist mit Stachelschuppen besetzt, zwischen denen feine Kanäle laufen. Kommt der Wüstenteufel mit Wasser in Berührung, nimmt er durch diese Kanälchen blitzschnell eine Menge Wasser auf, das dann langsam zum Mund rinnt. Fettpolster unter der Haut dienen als Energiereserve im heißen Wüstenklima.
Der Wüstenteufel oder Moloch, wie er auch genannt wird, lebt nur in Australien, dort ernährt er sich fast ausschließlich von Ameisen.

JACKSON CHAMÄLEON

Heimat: Afrika und Madagaskar
Größe: bis 32 cm lang
Es kann die Farbe wechseln

Chamäleons sind bekannt dafür, daß sie ihre Körperfarbe blitzschnell wechseln können, um sich der Umgebung anzupassen. Genauso schnell können sie ihre lange Zunge aus dem Maul schießen lassen, um das anvisierte Insekt mit der klebrigen, dicken Zungenspitze zu fangen. Diese Zunge ist länger als das ganze Tier! Die Augen sind unabhängig voneinander beweglich: eines kann nach vorne unten schauen, während das andere alles beobachtet, was hinter dem Tier geschieht. Die Füße sind zu Greifhänden ausgebildet, mit dem Greifschwanz können sich die Tiere noch zusätzlichen Halt verschaffen. Alle diese Fertigkeiten erlauben es dem Chamäleon, sich träge in Bäumen und Sträuchern aufzuhalten und trotzdem sein Auskommen zu haben. Zum Eierlegen allerdings kommen die Weibchen auf den Boden herab. Das Nest wird mit Laub zugedeckt.

BRILLENSCHLANGE

Heimat: Indien
Größe: 1,80 m lang
Sie ist eine der gefährlichsten Schlangen, die es gibt.

Es gibt auf der ganzen Welt Hunderte von verschiedenen Schlangenarten. Zu den gefährlichsten von allen gehören die Königs-Kobra und die Brillenschlange in Indien. Wenn sie sich bedroht fühlt, stellt die Brillenschlange sich auf und spreizt ihren Hals so weit, daß die eindrucksvolle Brillenzeichnung sichtbar wird. Die Brillenschlange wird erst in der Dämmerung aktiv, dann allerdings ist ihr giftiger Biß für das Opfer tödlich. Tagsüber ist sie träge, und das machen sich die Schlangenbeschwörer zunutze. Sie lassen das Tier sein Gift in ein bereitgehaltenes Tuch ausspritzen, kurz bevor die Vorstellung beginnt. Ob die Gaukler wohl wissen, daß Schlangen vollkommen taub sind? Sie „tanzen" gar nicht nach den Flötentönen, sondern folgen mit dem aufgerichteten Vorderkörper nur den Bewegungen des Flötenspielers, um den vermeintlichen Gegner nicht aus den Augen zu verlieren.

VAMPIR

Heimat: Die tropischen Wälder Amerikas
Größe: 7,5 cm lang
Er ist ein fliegendes Säugetier, das sich von Blut ernährt.

Obwohl sie gewandt und sicher fliegen, sind Fledermäuse, zu denen auch die Vampire gehören, keine Vögel, sondern richtige Säugetiere.

Fast alle Fledermäuse schlafen tagsüber und gehen erst nachts auf Nahrungsuche. Sie können sehr schlecht sehen, aber mit Hilfe des Echolotsystems finden sie sich in der Dunkelheit zurecht: sie stoßen dauernd sehr, sehr hohe Töne aus, deren Echo sie mit ihrem feinen Gehör wieder auffangen. Auf diese Weise umfliegen sie sicher alle Hindernisse und spüren ihre Beute auf. Die für uns so lautlos dahingleitenden Flieger machen also in Wirklichkeit einen tollen Lärm, nur können wir ihn mit unseren Ohren nicht hören.

Fledermäuse gibt es auf der ganzen Welt. Einige Arten fressen Früchte, andere Pflanzen oder Insekten oder Kleintiere. Die Vampire, die in den Tropen und Subtropen Amerikas leben, haben sich auf Blut spezialisiert. Geräuschlos überfallen sie schlafende Tiere, verwunden sie mit ihren messerscharfen Zähnen und lecken dann das austretende Blut auf. Früher glaubte man, sie „saugten" das Blut ihres Opfers, das stimmt also nicht ganz. Vampire sind so gefährlich, weil sie beim Beißen ihrer Opfer schlimme Krankheiten, wie zum Beispiel die Tollwut, übertragen. Hier und da fallen sie auch Menschen an.

ELCH

Heimat: Nord- und Osteuropa, Yukon, Alaska, Kanada
Größe: Schulterhöhe der männlichen Tiere zwischen 1,80 m und 2,30 m; Gewicht 500–800 kg, Breite des Geweihs bis zu 2 m
Er ist der größte unter den heute noch lebenden Hirschen.

Scheu leben die Elche in den dichten Wäldern hoch im Norden und bevorzugen dabei wasserreiches Gelände. Mit ihrer langen Oberlippe streifen sie das Laub von den Zweigen oder weiden im Wasser stehend Blätter und Stengel von Wasserpflanzen ab. Sie sind sehr gute Schwimmer, ja, sie können sogar für eine Weile ganz untertauchen. Zur Verteidigung gegen Feinde wie den Wolf dienen den Elchen die scharfkantigen Hufe. Mit dem Geweih tragen die Männchen während der Paarungszeit erbitterte Kämpfe untereinander aus, die manchmal sogar mit dem Tode des Besiegten enden. Jedes Jahr im Frühjahr wird das Geweih abgeworfen. Im Laufe des folgenden Sommers wächst es wieder neu. Die Weibchen haben keinen Kopfschmuck.

GROSSER TÜMMLER

Heimat: Nordatlantik und Mittelmeer
Größe: 3 m – 3,60 m lang und bis zu 200 kg schwer
Er ist das intelligenteste Meersäugetier.

Der Große Tümmler gehört zur Familie der Delphine, auch der Fernseh-Flipper ist ein Großer Tümmler. Delphine säugen ihre Jungen mit Muttermilch, sie sind also Säugetiere und keine Fische! Im Gegensatz zu den Fischen steht ihre Schwanzflosse quer.

Wahrscheinlich sind Delphine die intelligentesten Tiere überhaupt, sie lernen und begreifen erstaunlich schnell. Die Erforschung all ihrer Fähigkeiten ist noch gar nicht abgeschlossen. Man weiß aber zum Beispiel schon, daß zwei Delphine in Freiheit einen kranken oder verletzten Artgenossen zum Atmen so lange an der Wasseroberfläche halten, bis er sich wieder selber helfen kann. Sie leben in Gruppen zusammen, die man „Schulen" nennt. Delphine, die in Delphinarien gehalten werden, um ihre Spielfreude zu zeigen, sind meistens Große Tümmler.

SEE-ELEFANT

Heimat: Südatlantik und Antarktis
Größe: Die Männchen sind bis 6 m lang und 3 t schwer, die Weibchen sind nur etwa halb so groß.
Er hat eine Nase wie ein Elefantenrüssel.

Auch die See-Elefanten sind Säugetiere, obwohl sie hauptsächlich im Wasser leben. Ursprünglich waren sie Landtiere, doch im Laufe von vielen Tausend Generationen haben sich ihre Beine dem Leben im Wasser angepaßt und sind zu Flossen geworden. Nur wenn sie ihre Jungen gebären und aufziehen, kehren die See-Elefanten an Land zurück. Sie ernähren sich wie alle Robben von Fischen. Ihr dicker, weicher Rüssel kann bis zu 50 cm lang werden. Früher wurden die See-Elefanten wegen ihres Fettes gejagt und waren fast ausgerottet. Noch rechtzeitig wurden sie unter Naturschutz gestellt und haben sich wieder vermehren können.

SCHNABELTIER

Heimat: Australien
Größe: etwa 50 cm lang
Es ist eines der wenigen Säugetiere, das Eier legt.

Es gibt auch Säugetiere, die Eier legen! Das seltsame und seltene Schnabeltier gehört dazu. Das Weibchen legt seine zwei weichen, kleinen, nur 2 cm langen Eier in ein unterirdisches Nest und brütet sie aus. Die Jungen, die nach 10 Tagen ausschlüpfen, werden mit Milch ernährt, bis sie sich selber Würmer, Schnecken und Insekten suchen können.
Schnabeltiere gibt es nur in Australien. Zwischen ihren Zehen spannen sich Schwimmhäute, denn ihre Nahrung suchen sie gründelnd im Wasser. Schlaf- und Brutplätze werden unter der Erde angelegt.
Schnabeltiermännchen haben an den Hinterfüßen Giftdrüsen, die in einen harten Sporn münden. Während der Paarungszeit versuchen sie, einander damit zu verletzen.
Wegen ihres weichen Felles fast ausgerottet, sind Schnabeltiere gerade noch rechtzeitig geschützt worden.

STERNMULL

Heimat: Nordamerika
Größe: 12–16 cm lang mit gleich langem Schwanz
Er hat eine sternförmige Nase.

Dieses kleine, gedrungene Tier mit der sonderbaren, sternförmigen Nase hat einen dicken Pelz, einen runden Kopf und zum Graben ausgebildete Füße. Die kleinen Augen, die im schwarzen, samtenen Pelz fast verschwinden, können nur Hell und Dunkel unterscheiden.
Wie alle Maulwurfarten lebt der Sternmull unter der Erde, jedoch nahe am Wasser, denn er ist, im Gegensatz zu den anderen Maulwürfen, ein guter Schwimmer. Dabei benutzt er seine schaufelartigen Pfoten als Paddel. Sein Schwanz ist so lang wie sein Körper. Unsere Maulwürfe haben zum Beispiel keinen Schwanz.
Bei den meisten Maulwurfarten sind die Tiere ungesellige Einzelgänger. Sternmulle machen auch hier eine Ausnahme. Friedlich leben sie in größeren Gruppen in ihren Untergrundkolonien. Emsig suchen sie im Wasser und im Morast nach Würmern und Larven und legen Futtervorräte für den Winter an.

ERDFERKEL

Heimat: Afrika
Größe: bis 1,80 m lang
Es hat sehr kräftige Klauen, mit denen es Termitenhügel aufbrechen kann.

Nur ganz selten bekommt man Erdferkel zu Gesicht, denn sie schlafen tagsüber, wenn es draußen heiß ist, in ihren tiefen Erdhöhlen. Erst nachts gehen sie auf die Termitenjagd. Mit ihren starken Grabklauen graben sie Termitenhügel auf und fangen die Insekten mit ihrer langen, schmalen, klebrigen Zunge.
Wenn sie zum Schlafen wieder in ihre Erdbauten schlüpfen, legen sie die langen Ohren eng an den Körper an.

STREIFENSKUNK

Heimat: Nordamerika. **Größe:** Der Körper ist etwa 30 cm lang.
Es kann sich außerordentlich wirksam verteidigen.

Skunks kratzen nicht und beißen nicht, wenn sie sich bedroht fühlen. Ihre Waffe ist viel harmloser, aber auch viel wirksamer: sie bespritzen ihren Gegner mit einer abscheulich stinkenden Flüssigkeit aus zwei Drüsen unter dem Schwanz. Kein Angreifer vergißt diesen Gestank je wieder! Immerhin warnt der Skunk seine Feinde zuvor. Er dreht ihnen das Hinterteil zu und sträubt den hoch erhobenen Schwanz. Das genügt meistens schon.
Wirkliche Gefahr für sein Leben droht ihm nur aus der Luft: Greifvögel und Eulen stört der Geruch nicht.
Wie die Marder ist der Skunk ein Nachtjäger.
Er frißt alles: Insekten, Wurzeln, Früchte, Weichtiere, Kleintiere bis zur Größe eines Kaninchens.
Tagsüber schläft er.

GÜRTELTIER

Heimat: Brasilien und Bolivien
Größe: 40 cm lang
Seine Rüstung ist sein bester Schutz.

Der Panzer der Gürteltiere ist aus vielen kleinen Knochenplättchen zusammengesetzt, die untereinander mit weicher Haut verbunden sind. Diese Rüstung überzieht Kopf, Rücken und Schwanz und ist ein großartiger Schutz gegen Feinde. Gürteltiere bringen sich aber auch durch Schwimmen in Sicherheit oder graben sich mit ihren starken Grabklauen an den Vorderfüßen schnell in die Erde ein.
Das Dreibinden-Gürteltier auf diesem Bild kann sich außerdem noch bei drohender Gefahr ganz fest zu einer Kugel zusammenrollen. Selbst einem Jaguar gelingt es dann kaum, so einen gepanzerten Ball zu öffnen.

NASHORN

Heimat: Afrika
Größe: 3,5 m lang und bis 2 t schwer. Das Horn kann bis 1,30 m lang werden.
Es ist eines der größten und urtümlichsten Landsäugetiere.

Spitzmaul- und Breitmaul-Nashörner leben in Afrika, Panzernashörner in Asien. Auf dem Bild ist ein Spitzmaulnashorn zu sehen. Die mächtigen Hörner, die bei Zootieren etwa 50 cm lang sind, können bei freilebenden Tieren eine Länge von 1,30 m erreichen. Sie sind die Waffen der Nashörner. Doch sind Nashörner gar nicht so angriffslustig, wie von ihnen behauptet wird. Weil sie sehr schlecht sehen, aber ausgezeichnet hören und riechen, rasen sie erst einmal in erstaunlichem Tempo auf das, was ihre Aufmerksamkeit erregt hat, zu. Wenn sie auf wenige Meter herangekommen sind, bremsen sie brüsk ab und trollen sich. Das sieht allerdings sehr gefährlich aus. Gleichmütig dulden sie die Madenhacker-Vögel, die auf ihrem Rücken herumklettern und ihnen Ungeziefer und Schmarotzer aus der Haut picken.

BISON

Heimat: Nordamerika
Größe: Männchen haben eine Schulterhöhe von 1,80 m und wiegen 1,5 t.
Sie waren die Lebensgrundlage der Prärie-Indianer.

Alles, was die Prärie-Indianer zum Leben brauchten, gab ihnen der Bison: sein Fleisch ernährte sie, aus Horn und Knochen wurde Werkzeug gefertigt, das Fell war Zelt und Kleidung. Seit undenklichen Zeiten wurde der

Bison, den man in Amerika auch „Buffalo” nennt, mit Pfeil und Bogen gejagt, und trotzdem durchstreiften riesige Herden die Prärien Nordamerikas. Das änderte sich, als die weißen Einwanderer begannen, die Bisons mit Feuerwaffen abzuschießen. Innerhalb weniger Jahrzehnte waren die Tiere fast ausgerottet. Zum Glück wurde eine kleine Herde gerettet. Die Nachkommen dieser Herde leben heute geschützt in Nationalparks. Während der Eiszeit waren Bisons auch in Europa und Asien verbreitet.
Den amerikanischen Bisons nahe verwandt sind die europäischen Wisente. Auch sie kann man nur noch hier und da in Wildgehegen und Tiergärten beobachten.

MOSCHUSOCHSE

Heimat: Nordamerika und Grönland
Größe: Schulterhöhe etwa 1,50 m
Er hat die längsten Haare aller wildlebenden Tiere.

Der Moschusochse trägt ein dichtes, zottiges Fell, das ihm hilft, die bittere Kälte der Tundra zu ertragen. Am Hals und am Hinterteil können die einzelnen Haare bis zu 90 cm lang werden. In Schnee- und Eisstürmen stellen sich die Tiere eng aneinandergedrängt, die Köpfe nach außen, im Kreis auf und geben sich so Schutz und Wärme. Die Kälber stehen in der Mitte. Angreifende Wölfe und Bären werden mutig mit den scharfen Hörnern abgewehrt.
Moschusochsen ernähren sich von Wurzeln und Flechten, die sie unter der Schneedecke hervorscharren. Sie riechen nur leicht nach Moschus, der Duftstoff Moschus kommt vom Moschustier.
Heute sind Moschusochsen geschützt, nachdem sie in Gefahr geraten waren, von den Eskimos ausgerottet zu werden.

GROSSER PANDA

Heimat: West-China
Größe: Aufgerichtet 1,50 m
Sein Bild wirbt für die Arbeit des World-Wildlife-Fund, des Welttierschutzvereins.

Der große Panda oder Bambusbär ist eines der seltensten und scheuesten Tiere der Erde. Erst 1937 gelang es, ein Tier zu fangen und näher zu beobachten. Mit seinen schwarzen Augenflecken und dem schwarz-weiß gezeichneten Fell wurde der Panda sofort weltberühmt und -beliebt. In Plüsch und Stoff war er in fast jedem Kinderzimmer zu finden. Obwohl er so aussieht wie ein Großbär, gehört der Große Panda in die zoologische Familie der Katzenbären und ist mit dem Waschbär nahe verwandt. In den dichten Bambusdschungeln West-Chinas lebt er von Bambussprossen, in der Gefangenschaft nimmt er auch andere Kost. Fünf Jahre brauchen die Jungen, bis sie ausgewachsen sind.

KAMEL

Heimat: Zentralasien
Größe: 2,10 m beim Höcker.
Es hat zwei Höcker, die ihm als Energiereserve dienen.

Es gibt zwei Kamelarten, das Kamel oder Trampeltier und das Dromedar.
Das Trampeltier ist schwerer und stärker als das Dromedar und hat zwei Höcker. Gegen Kälte ist es unempfindlich. In den beiden Höckern speichert es Fett. Dadurch kann es längere Zeit ohne Futter oder Wasser auskommen. Den Menschen dient es bereits seit mindestens 3000 Jahren als Reit- und Lasttier, weil es so genügsam und widerstandsfähig ist. Das dichte Fell schützt vor Hitze und Kälte, die langen Wimpern bewahren die Augen vor Staub, die Sohlen sind mit dicken, federnden Schwielen gepolstert.
Das Dromedar verträgt keine Kälte, es bewohnt die heißen Trockengebiete Afrikas, Arabiens und Asiens.

GOLDGELBES LÖWENÄFFCHEN

Heimat: Tropische Dschungel Brasiliens
Größe: Von Kopf bis Schwanz 40 cm lang
Es scheint, als sei es sich seiner Schönheit bewußt.

Die Löwenäffchen sind die schönsten Korallenäffchen, ihr seidiges Fell schimmert golden. Das Männchen hilft bei der Geburt der Jungen und wäscht sie, wenn sie zur Welt kommen. Solange sie klein sind, trägt es sie umher und reicht sie der Mutter nur zum Stillen. Später kaut es ihnen das Fressen vor. Fleißig und ausdauernd pflegen die Löwenäffchen ihr Fell. Sie sind sonnenempfindliche Baumbewohner. Weil sie leicht zu dressieren und sehr anhänglich sind, werden sie oft und gerne als Haustiere gehalten.

MANDRILL

Heimat: Afrika
Größe: Männchen bis 90 cm lang und 50 kg schwer.
Kein anderes Säugetier hat ein so grellbuntes Gesicht.

Je mehr sich das Mandrillmännchen aufregt, umso leuchtender werden die Hautstellen im Gesicht, am Hinterteil und an den Fußgelenken, sogar die Brust wird dann blau. Drohend zeigt es dem Feind die starken Zähne. Mandrills leben in Wäldern am Boden. Dort streifen sie auf allen Vieren in großen Gruppen auf der Suche nach Insekten, Pflanzen, Wurzeln und Vogeleiern umher. Die Männchen halten sich etwas abseits, sind aber sofort zur Stelle, wenn Gefahr droht. Mutig nehmen sie den Kampf auch mit Feinden auf, die dreimal so groß sind wie sie selbst.

NASENAFFE

Heimat: Borneo
Größe: 1,50 m von Kopf bis Schwanz
Er hat eine dicke, lange Nase.

Mit seiner ungewöhnlich langen Nase sieht der Nasenaffe beinahe aus wie ein Kasper. Alten Affenmännchen hängt die Nase schlaff bis über die Lippen herab. Sie müssen sie mit einer Hand auf die Seite halten, wenn sie etwas fressen wollen. Die Weibchen haben Stupsnasen.
Nasenaffen leben auf Borneo. Überaus geschäftig und behende eilen sie in großen Trupps durch das Geäst der Mangrovenwälder und suchen sich Pflanzen und Früchte zur Nahrung. Sie schwimmen gut, wie Hunde benutzen sie ihre Hände und Füße als Paddel.

DREIFINGER-FAULTIER

Heimat: Zentral- und Südamerika
Größe: 50 cm lang
Es ist das langsamste Säugetier.

Kopfunter hängt das Faultier im Geäst der Urwaldbäume. Nur träge bewegt es sich fort, aber Eile ist auch nicht nötig, denn ihm wachsen Beeren, Blätter und Früchte praktisch in den Mund. Gegen seine Feinde, den Jaguar und den Adler, ist es vorzüglich getarnt. Während der Regenzeit wachsen in seinem Fell Tausende von kleinen grünen Pflanzen, Algen genannt, die dem Pelz einen grünlichen Schimmer geben. In der Trockenzeit werden diese Algen gelblich, genau wie die Blätter der Bäume.
Den Kopf kann das Faultier so weit herumdrehen, daß es auch geradeaus nach hinten schauen kann. Am Boden ist es nahezu hilflos. Die Sichelkrallen hindern es beim Laufen, und so muß es mühsam auf dem Bauch zum nächsten Baum robben. Für 150 m braucht es eine ganze Stunde!
Es zögert lange, und die Not muß groß sein, bevor es diese Anstrengung auf sich nimmt.

GEPARD

Heimat: Persien, Indien und Afrika
Größe: bis 2,40 m lang
Über kurze Strecken ist er das schnellste Säugetier der Welt.

Das langsamste Säugetier ist das Faultier, das schnellste ist der Gepard. Kurze Strecken bis 500 m rennt er mit 110 Stundenkilometer Geschwindigkeit! Mit diesem unerhörten Tempo überrumpelt er seine Beute wie Gazellen und Antilopen. Darum hat man Geparden früher oft gefangen und für die Jagd abgerichtet. Wegen ihres schönen Felles wurden sie aber auch selber so sehr gejagt, daß sie nun fast ausgerottet sind. Natürlich stehen sie inzwischen unter Naturschutz.

Geparden gehören nicht zur Tierfamilie der Großkatzen, sie können die Krallen ihrer Zehen nicht einziehen, wie die Katzen. Weil sie sich leicht zähmen lassen und dann sehr anhänglich sind, werden sie hier und da als Haustiere gehalten.

WORTERKLÄRUNGEN

Algen	Blütenlose, meist grüne Pflanzen, die hauptsächlich im Wasser (auch im salzigen) wachsen
Amphibien	Wirbeltiere, die einen Teil ihres Lebens im Wasser verbringen müssen und deren Eier ohne Schale sind
Drüse	Organ, das einen für den Körper wichtigen Stoff bildet
Eiszeit	Zeit vor 600 000 bis 10 000 Jahren, in der große Teile der Erde von gewaltigen Eismassen bedeckt waren
Insekten	Wirbellose Tiere, deren Körper in Kopf, Brust und Hinterleib unterteilt ist. Am Bruststück sitzen stets sechs Beine und die Flügel, wenn das Insekt welche hat.
laichen	Eiablage bei Fischen und Lurchen direkt ins Wasser
Lurche	Deutsche Bezeichnung für Amphibien
Paleontologe	Wissenschaftler, der die Lebewesen der Vergangenheit erforscht
Plankton	Winzige Tiere und Pflanzen, die sich schwebend im Wasser halten
Reptilien	Wirbeltiere, deren Haut geschuppt oder gepanzert ist und deren Eier eine Schale haben
Säugetiere	Wirbeltiere, die ihre Jungen mit Muttermilch säugen
Tundra	Nördliche Kältesteppe mit kargem Bewuchs
Vögel	Wirbeltiere, die gefiedert sind und deren Gliedmaßen, Flügel und Füße, deutlich voneinander unterschieden sind
Weichtiere	Wirbellose Tiere, zum Beispiel Schnecken
Wirbeltiere	Tiere, deren Körper durch ein Knochen- oder Knorpelgerüst gestützt wird
Schmarotzer	Lebewesen, die auf Kosten anderer Lebewesen, ihrer Wirte, leben

Published and produced by
The Archon Press Ltd., 14–18 Ham Yard,
Great Windmill Street, London W1.

Erschienen im Delphin Verlag,
Stuttgart und Zürich, 1974.

Printed in England by W. S. Cowell Ltd.,
The Butter Market, Ipswich, Suffolk.
ISBN 3-7735-4105-8